JN440594

별꽃향기를 걸어놓고

이미숙 시조집

한국문화사

시인의 말

아홉 살 오색 꿈은 별빛처럼 쌓이고
눈빛 푸른 욕망들은 미련으로 돌아눕고
살 저린 갈색 시간은 그리움만 만진다.

씨줄 날줄 엮은 시간 남은 게 무엇인가
꿈꾸고 색칠하다 잿빛으로 누운 세월
갈바람 낙엽 소리에 모두 다 묻히는 걸.

내 마음 창가에 밀려드는 건 모두 다 그리움이요, 아쉬움이다.

운명 같은 미련이요, 목마름이다. 그래서 나는 별빛을 노래하고 고향을 노래한다. 평생 들꽃무늬 적삼을 입으신 어머니와 남강처럼 푸르고 맑게 흐르는 고향 친구들에 대한 그리움을 노래한다.

또한 삶의 목마름과 아픔에 기대어 몽돌처럼 살아가면서 삶의 아픔과 고뇌를, 그리고 이를 극복하는 인고와 강한 의지를 노래했다.

그동안 바쁘다는 핑계로 7, 8년 먼지 속에 가두었던 작품들을 꺼내어 하나하나 먼지를 털면서 정리하였다. 이번에 상재된 『별꽃향기를 걸어놓고』에 수록된 작품들이 그것이다.

원래 詩才도 부족하고 또 정리한 시간도 짧아 설익은 작품들을 세상에 내놓기에 영 마뜩잖다. 그러나 내 삶의 한 마디를 정리한다는 뜻에서 마음을 다잡고 첫 시조집을 세상에 내놓는다.

2017년 가을에

이 미 숙

차례

2부 별꽃향기를 걸어놓고

3부 몽돌

4부 고추잠자리

5부 굴렁쇠

⁞ 1부 ⁞

무화과 향기

향수를 맛보려고
계절을 달려간다

동백꽃

반짝이는
잎새마다
살포시 내린 봄눈

부푼 가슴 어쩔거나
그리움이 타는 새벽

터지는
핏빛 울음에
일렁이는 파도야.

광나루 연가

광나루 물길 건너가는 곳 어디더냐
저물어 해 저물어 아련히 떠난 님아

빈 배엔
달빛만 가득
일렁이는 물결 소리.

물안개 옷깃 감는 강변은 삼월 꽃빛
바람 따라 별빛 따라 세월을 서성여도

꽃향기
너울지는 밤
젖어드는 눈시울.

삼월 강변

샛강이 몸을 푸는
파란 언덕 햇살 아래

버들도 하얀 몸짓
봄노래 고운 떨림

물새야
삼월을 물고
은빛 사랑 흔들어라.

봄

끝추위 밀어내고 눈빛으로 오는 너는
연둣빛 향기 실어 보슬비로 오는가

목마른
시간 자락을
살뜰히도 적시며.

촉촉한 두렁길을 훔치듯 걷다보면
스치는 바람에도 님이신가 돌아보네

하아얀
들꽃 미소만
사랑이듯 다가와.

* 2015년 시조문학 신인상 수상 작품

별

사념의
끝을 잡고
잠 못 드는 여름밤

만 리 밖
가슴 벌에
속살대는 은빛 물결

어머니
옥양목 적삼에
여울져 피던 들꽃.

물안개

하아얀 그림자로 살포시 다가온다
꿈속에 스치던 님 젖은 옷깃 숨결인 양

내 가슴
수줍은 뜨락에
아쉬움을 던지네.

떨리는 목소리로 천 번을 불러봐도
모른 척 돌아서는 그 모습 꽃빛 만 리

아련한
정만 남긴 채
떠나가는 그리움.

내 님은

석양 길
돌아 돌아
바람 이는 물결 끝에

허기진
목마름을
영혼으로 불사르고

가을 강
갈대밭 그늘
노을 푸는 산 그림자.

무화과 향기

향수를 맛보려고 계절을 달려간다
무화과 한 송이를 손에 들고 머언 남쪽
진주라 내 고향 옛집 파란 하늘 처마 끝.

무화과 잎새마다 햇살이 꽂히는 날
가지에 오른 나는 열매로 익고픈데
꽃 피는 계절 끝자락 내공 쌓던 네 눈빛.

평생을 살았어도 꽃 없고 열매 없어
신산한 시간만이 바람에 밀려오고
언제나 내 가슴속에 젖어드는 네 향기.

찔레꽃

노을빛 고운 몸짓
바람결에 스친 자리

여울진 그리움만 추억처럼 젖어있네

네 입술
떨리는 날에
날아오른 하얀 나비.

산딸기

어머니 무덤가에 산딸기 타는 햇살
한 주먹 향기 따서 엎드려 드립니다
'이제야 철드나 보다' 눈물 글썽 그 미소.

'오뉴월 산딸기는 피가 되고 살 된다'던
그 말씀 서러움에 차마 입에 못 넣고서
어머니 젖멍울 사랑 향을 대고 웁니다.

별꽃

천만 리 머언 하늘
향기로 뒤트는 님

천년을 지난대도
품지 못할 그대 눈빛

이 밤사
꿈길로 내려
들국화로 피는가.

향기의 손짓

네 하얀 손짓 따라 내 마음 달려간다
사르르 감꽃 미소 오월을 녹이는데

무심히
지나는 바람
네 향기를 목에 건다.

파아란 손짓 따라 달려오는 옛 친구들
아득한 고향 마을 무화과 그늘 아래

깊은 정
흐르는 시간도
네 향기에 멈춰 선다.

채송화

하늘에 별이 지면 담장 그늘 별이 뜬다
고운 정 하얀 대화 분홍빛 웃음소리

귀 열고
가까이 가면
맑은 이슬 구르고.

피고 지고 여름 지나 가을 하늘 높아지면
떠난 고향 가고 싶어 바람을 손짓하다

햇살이
옷고름 풀면
눈을 감는 별빛들.

* 2017년 ≪시조문학≫ 올해의 최우수 작품상 수상작

달맞이꽃

어둠을 빗질하는 하얀 달빛 침묵 끝에
산 너머 무명 시인 은유로 가슴 열고

두견이
멀리 우는 밤
칠월을 앓고 있다.

밤안개 어슴어슴 향기로 너울지면
강 언덕 젖은 눈빛 피었다가 천 년 져도

내 영혼
천상에 올라
하얀 독백 안고 싶다.

만추

마음도 몸도 멀어
빛바랜 그리움이

아련한 꿈길 속을
무시로 드나들어

빈 들녘
갈색 허수아비
속정만 다 태우네.

기다림

둘이서 머문 자리 가을 강 타는 노을
물새 우는 소리에도 눈시울 젖어 웃던

그 사람
갈대로 서서
지난날을 기다릴까.

나 홀로 걸어 보는 독백의 갈대밭 길
내리는 흰 눈 위에 추억은 쌓이는데

나 여기
시간을 잡고
하얀 밤을 서 있네.

가을비

가는 현, 술대 없이
그 누가 연주하나

뒤뜰의 나뭇잎들
타는 가슴 어쩌라고

머얼리
떠나간 사람
다가오는 숨소리.

가을 연서

초승달 고운 창가 별들을 만져보다
보고픈 님의 얼굴 선연히 떠올라서

속울음
울컥 삼키며
그리움을 던집니다.

시간 속에 사위어 갈 우리 얘기 꺼내 담고
스산한 가을바람 귀뚜리 긴 울음도

강 언덕
들꽃 향기도
함께 넣어 띄웁니다.

어머니

가도 가도 닿지 못할 정토의 달빛 아래

빈 들녘 떠돌다가 사라지는 바람처럼

시단풍
꽃빛 외길을
무심으로 가신 님.

그리움

애초에 네 이름을 말한 이가 누구더냐
세상에 숨탄것들 바람이듯 흔들리며

가슴이
응혈 지도록
사무치는 그 세월.

외면해도 별 수 없고 눈 감아도 하릴없네
날개 없는 그림자로 속절없이 따라다녀

끝내는
참지 못하고
울컥 삼킨 속울음.

혹시나

별빛이 고운 밤에
떨어지는 꽃잎 소리

혹시나 하는 맘에
창문을 밀쳐 보니

오늘도
시린 눈빛만
사립 위에 매달려.

고백

그립다
말을 할 걸
두견이 슬피 울 때

외롭다
말을 할 걸
낙엽이 뚝뚝 질 때

흰 눈이
펑펑 내리는데
나 여기 서 있다고.

봄 꿈

- 열일곱의 나를 찾아

는개비 느린 걸음 창가에 스며든다.
사념의 목마름에 졸음이 빗질하면
아련한 뻐꾸기 울음 베개 삼아 던진다.

풀꽃 향기 몸을 풀던 파란 길은 무너지고
닿지 않는 헛손질에 지쳐버린 하얀 날개
멀어진 꽃 빛 봄날은 바람결에 흔들린다.

가다가 되돌아올 골목길은 어디인가
옷자락 끝이라도 잡고 싶은 내 소녀야
목련꽃 하얀 빗방울 속눈썹이 타고 있다.

꿈속의 모정

오신단 기별 없이 별빛 타고 오셨나요.
보고파 젖은 눈빛 이 밤사 아련터니

살포시
천상의 미소
타는 촛불 흔들려.

앞섶 풀고 눈물로나 그리움을 묻습니다.
따슨 정 끝없어라 시간은 흐르는데

새벽 별
조으는 창가
먼 하늘 젖은 향기.

2부

별꽃향기를 걸어놓고

봄바람

봄바람
스친 이랑
청 보리 물오르고

홍매화
담장 아래
맑은 햇살 문지르다

장독대
뚜껑을 열고
살풋 앉는 그 미소.

봄은

그 모진 꽃샘바람 어여쁘다 감싸 안고
따슨 햇살 다발 묶어 머리에 꽂으시고

아기작
춘향이 마냥
남실남실 오는 님.

삼동을 감아 견딘 나목의 가지마다
망울진 앙가슴을 화들짝 열어 놓고

오롯이
그대 손길로
뿌려대는 꽃향기.

진달래

젊음의
꽃 진 자리
아린 가슴 열어놓고

끝내는
말 못하고
남몰래 타는 속정

천 번도
더 불 지르리
사랑이란 이름으로.

별꽃향기를 걸어놓고

밤하늘 별꽃들은 잠이 오지 않나 보다
은빛 설화 몇 잎 따서 어둠을 굴리다가
떨어진
친구 눈빛을 찾으려고 내려온다.

이른 봄 텃밭이랑 시름 매던 어머니
옥양목 젖은 적삼 세월이 금이 가도
푸른 별
무늬져 피는 앞섶 자락 꽃향기.

보고파 저린 가슴 던져보는 하늘 채전
밭 그늘 하얀 미소, 땀 냄새 목이 말라
별꽃을
횃대에 걸고 목소리를 만진다.

봄아, 가려거든

눈부신
꽃향기를 무늬 곱게 색칠하고

시간을
태우다가 그대 벌써 떠나는가

아쉬운
한쪽 가슴일랑
풀어놓고 가거라.

초적 草笛

가난한 두 입술에 자랑으로 네가 오면
떨리는 사연 풀어 슬피 우는 몸짓이야

멍울진
세월 흔들며
노래하는 내 마음.

밟아도 다시 일고 베어도 다시 돋는,
하늘보다 맑은 영혼 강물보다 깊은 정이

네 소리
아픔의 무게
득음하는 운명이여.

꽃빛 부채

임이 보낸 꽃빛 부채 살포시 펼쳐본다

계곡은 꽃피는 봄 새소리 바람소리

그리워
타는 내 가슴
꽃빛 강물 흐르는데.

덩굴장미

그 누가 질러놓은 겁 없는 불장난에
다가서면 타는 보석, 멀리 보면 핏빛 너울

무심히
지나는 바람
오월 향기 빗질한다.

쏟아진 아침 햇살 눈이 부셔 주저앉고
향에 취한 달빛은 담장 위에 핼쑥한데

밤이슬
하얀 입맞춤
시간도 멈춰 선다.

타래실

얼기설기 오방타래
한 올 한 올 풀어내어

시침질 박음질로
필연을 꿰매가면

어느 새
다 엮여버린
인생 여정 씨줄 날줄.

능소화

서러움 끝을 잡고 바람 따라 오른 허공
침묵도 한이 되면 핏빛으로 터지는가

목 놓아
부르는 이름
구름 너머 빗나가고.

석양을 지쳐 울다 하얀 이슬 가슴 열고
먼 별빛 아름 묶어 계절을 빗질해도

고운 님
보이지 않네
기다림은 타는데.

홍랑

가려 꺾던
묏 버들에
파란 봄이 사뿐 내려

님 계신
창문 밖에
올 봄도 푸릅니까

외로운
산언덕 아래
뜸북새가 웁니다.

일타홍

서방님 만나는 밤
달빛도 그리 밝아

피보다 진한 사랑
이별의 글 왜 쓰셨나

단심에
피는 꽃향기
천년인들 가시랴.

세월 앞에서

살며시
왔다 가는 도망치듯 가는 바람

내 언제
네 앞에서 향기로운 꽃이었나

나그네
창가에 지는
하아얀 꽃잎 하나.

배롱나무

나목의 가지 끝에 멍울진 파란 숨결
불볕더위 참아내며 대궁마다 꽃물 젖어

하룻밤
그리 못 견뎌
터져버린 분홍 폭죽.

진분홍 앞섶 열고 피고지고 한 여름
혼자선 외로운가 허공을 움켜쥐고

정열로
타는 몸짓이사
달빛마저 잠재운다.

풀꽃

보는 이 하나 없어 이슬 밭에 숨어 있나

보고파 너를 찾는 외로움도 있으련만,

계절 끝
하얀 네 향기
하염없이 지는데.

수평선

하늘이 몸을 열고 물속으로 풍덩 빠져
바다는 주체 못해 요동치다 드러눕고

초승달
하얀 눈빛이
다독이며 웃는다.

하늘과 바닷물은 애초에 한 몸인 걸
천둥 번개, 거친 파도도 그 사이 뗄 수 없어

황포 돛
아득한 날엔
옷깃 살짝 올린다.

코스모스

꽃가을 예쁜 아씨
길섶에 나오셨네

아침 이슬 하얀 볼에
고운 미소 하늘하늘

머언 님
기다리는가
긴 목이 애달프다.

가을의 뒷모습

가랑비 추적추적 갈잎을 밟는 소리
어쩌면 긴 이별을 예비하고 있나 보다

한순간
멀어져버린
그 사람 뒷모습처럼.

짧았던 만남 뒤에 빛바랜 시간들을
가냘픈 어깨 위에 하나둘 내려놓고

서둘러
등을 적시며
떠나가는 시린 눈빛.

외줄타기

어화둥 신명 올라 창공을 비상한다

발아래 사바인가 둥실 떠 천공인가

눈 들어
구름 끝자락
꿈을 푸는 꽃잠자리.

평창의 밤하늘

서울의 밤하늘은 달빛도 흐리지만
평창의 밤하늘은 별빛도 내 친구다

영롱한
가슴을 열고
밤새도록 달려온다.

내 마음 잡스러워 어둠이 두렵지만
네 마음 항상 밝아 어둠도 한낮이다

세상 것
잊고 싶구나
깊은 밤 네 미소에.

정월 대보름

휘영청 둥근달이 중천에 떠오르면
갑년의 주름에도 마음은 동심이다.

가오리
닮은 꼬리연
창공으로 꿈을 날려.

빈 깡통 휘돌리던 쥐불놀이 친구들도
지금쯤 저 달 보며 소망 하나 띄우는가

날아라
머언 내 고향
그리움을 던진다.

고드름

첫사랑
맺지 못한
순백의 가슴앓이

마음 시린
독백인가
돌아서 흘린 눈물

제 몸을
홀로 태우는
촛불 같은 기다림.

어둠을 흐르는 강

청산을 뒤틀면서 머물지 못한 영혼

밤새우는 바람에도 아픈 상흔 아니 열어

남 몰래
속살 태우며
별만 품는 원죄여.

〈무형문화재 47호 호수 이영준 선생을 기리는 축시〉

석암제에 내린 영원한 숨결

후암 골 큰 호수에 청학이 노닐더니
시절가조 읊으시며 석암제에 살폿 앉아
금자탑 쌓으신 절창 별빛으로 빛나고.

오로지 시조 부흥 천명으로 사신 님
공과 덕 자랑이요 선비 정신 드높아라
소명을 다 하신 열정 모든 이 칭송하네.

너울진 세월 자락 머릿결은 희어져도
석암제 시조 사랑 다듬고 빗질하여
보듬어 높이 두소서 지혜로운 숨결이여.

⁝ 3부 ⁝

몽돌

무심을 흐르는 몸짓
오도송(悟道頌)을 읊고 있네

꽃술의 염원

지난 밤
내린 비에 복사꽃 저린 몸짓

벌 나비
기다리는 꽃술의 아픈 기도

산 너머
우는 산새야
거기에도 꽃이 지나.

얼굴 없는 돌부처

속세가
어지러워 고개를 돌리셨나

온갖 고뇌
문지르다 형체 없이 되었는가

그 마음
알길 없어라
얼굴 없는 긴 해탈.

골무의 아픔

찢겨진 골무 하나
물려주신 내 어머니

졸음에 피멍으로
한세월 아프셨죠

그 골무
끼고 살지만
내 시간도 아픕니다.

두견화

바람도 분홍 꽃빛 맑은 햇살 아름 안고
앞산에 붉은 꽃등, 뒷산에 타는 정을

가는 봄
붙잡지 못한
네 마음이 아프더냐.

수줍어 바위 그늘 외로움을 깔고 앉아
속절없이 맺힌 설움 밤새도록 뿌린대도

두견화
못다 푼 한일랑
그냥 안고 가거라.

민들레

아이들 웃음소리
따라가 줍다 보면

비좁은 고샅길이
차라리 그리워라

밟히는
아픔의 무게
저려오는 하얀 정.

파도의 노래

긴 세월 너울지는 인고의 몸짓으로
밀리다 밀리다간 죽음처럼 부서지는,

바닷가
하얀 그리움
가슴 열어 푸는가.

낮에는 고운 노래 사랑을 흔들다가
밤에는 어찌 그리 한처럼 슬피 우나

별 내려
호젓한 밤을
온몸으로 태워라.

물망초

'그립다' 말 한마디 흔들리는 이슬방울

잊으려 다짐하면 빈 가슴 타버리고

아쉬워
시린 그 눈빛
만날 날은 멀어라.

흰 나리꽃

장마 끝 젖은 물기
바람결에 툭툭 털며

꼭 한 번 날고파서
천 번을 파닥인다

슬픈 목
길게 뺀 여인
전생에 학이었나.

별빛의 숨소리

먼 별빛
숨소리가 창문 밖에 떨고 있다

기다림의
목마름에 타다 남은 가슴 한쪽

가는 길
안개 깊어라
유월 바람 부는가.

몽돌

네 이름 불러본들 대답이나 하겠느냐
타는 세월 물결 따라 눈귀 잃은 아픔 속에

덧없는
세속 이야기
잊은 지 오래이고.

햇살 받아 마음 씻고 별빛 감아 가슴 씻고
속살 터는 맑은 소리, 먼 섬이 귀를 열어

무심을
흐르는 몸짓
오도송悟道頌* 을 읊고 있네.

* 오도송 悟道頌 : 고승이나 노승들이 불도의 진리를 깨닫고 나서 기뻐하며 짓는 시가詩歌.

감자 꽃

어머니 텃밭에는 예쁜 꽃 피고 지고

밭 그늘 하얀 미소 몽글몽글 달리던 꿈

뒤곁에
매달린 호미
녹슨 세월 앓고 있다.

들국화

지난 밤 무서리에 고운 뺨이 젖었구나
하얀 정 맑은 눈빛 찬 이슬에 떨리는데

파아란
하늘 끝자락
가슴 여는 첫사랑.

외로운 꽃그늘에 너울지는 살진 향기
마음을 여미어도 그리움은 허기지고

바람아
여린 입술에
생채길랑 내지 마라.

늦가을

가을 비
추적추적 가랑잎 밟는 소리

내 영혼
시든 풀숲 한 열흘쯤 적셔다오

석양을
우는 귀뚜리
짝을 찾는 목마름.

등대

황혼이 깃을 치면 하얀 옷 여며 접고
무엇을 보려는가 젖은 눈빛 허공 돌려

먼 수평
지나는 뱃길
황포 돛은 흐르는데.

바람이 우는 밤엔 달빛도 흔들리고
바위섬 높은 파도 허무가 덮친대도

혼자서
부르는 노래
물새 하나 빗겨 난다.

서리꽃

지난 밤 푸른 달빛
그렇게 곱더니만

마른 풀 잎새마다
별을 닮아 서러운 꽃

해맑은
이른 아침에
눈물로 보내야 할.

강물로 앉아

두 눈빛 정을 섞는 두물머리 타는 석양
철새들 먼 길 돌아 외로움을 뒤로 밀면

초승달
품은 내 가슴
산 그림잘 당긴다.

반짝이는 물비늘에 노을이 흔들리면
아련히 꿈틀대는 고운 별빛 님이신가

내 마음
시려오는 건
만날 수 없는 먼 거리.

무죄

청마야
푸른 하늘
어디쯤 날고 있나

별처럼
반짝이던
고운 님 어디 두고

그 사랑
티끌 묻을라
하얀 별로 태워라.

겨울로 가는 길

회색의 거리 위에 찬바람 뒤틀더니
가로등 긴 그림자 시린 손 부벼대고

꿈꾸던
나뭇잎들은
거친 소매 사른다.

되짚어 갈 수 없는 머언 향수 목마름에
허기져 야윈 시간 낙엽처럼 뒹구는데

계절은
또 다른 얼굴로
그리움을 매단다.

거울 속의 나

시간의 선반 위에
그리움 포개 놓고

서릿바람 그리 시려
아픔은 덧나는데

어디서
본 듯하여라
만져보는 눈시울.

밤의 잔상殘像

꽃처럼 아름다운 여정인 줄 알았는데
그리 긴 한세월도 지나보니 바람이다

내 영혼
타는 노을에
빈손만 걸쳐 있네.

평생을 다독여도 시간은 외로 눕고
내 모습 찾을 수 없는 사념은 아픈 풀숲

푸른 별
쌓이는 창가
던져보는 잔상들.

해금

흰 핏줄 맺은 인연
너울지는 달빛 아래

꺾이는 굽이마다
시린 사연 흔드는가

창 너머
지나는 바람
발길 멈춘 네 울음.

육현六絃에 혼을 감아
- 거문고

갓머리 옥골선풍 갈색 도포 넓은 소매
육현에 혼 뿌리며 눈을 감는 선인仙人아

애달픈
산조 가락에
세사世事는 뜬구름.

열두 폭 치맛자락 굽이 펴 끌어안고
뜯으면 같이 울고 퉁기면 같이 웃네

영혼을
흔드는 절규
누굴 위한 선율旋律인가.

광나루 시조경창

아차산에 해가 뜬다 옥골선풍 우리 님아
영혼의 울림인가 흔들리는 젓대 소리

갓 머리
백학 날갯짓
구름 둥실 먼 울음.

광나루에 달이 뜬다 쪽진 머리 멋이로고
긴 고름 다홍치마 우리 가락 꽃빛 너울

옥비녀
떨리는 소리
물결 둥실 내 사랑.

〈대구한의대학교 명예총장 변정환 박사님을 기리는 축시〉

달구벌 큰 스승

온후한 눈빛 속에 학덕이 묻어나고
어진 마음 하늘이요 펴신 뜻 별빛이라
달구 벌 푸르른 기상 해와 달로 솟았네.

한평생 베푸시는 인간 목숨 구제의 길
영험한 손끝마다 편작扁鵲*이 매달리고
한의학 영재들 모아 상아탑을 쌓으셨다.

세계로 뻗어가는 대자연 사랑 행보
끝없이 품은 열정 하룬들 식으리까
청청한 향산香山의 명성 온누리에 빛나리.

* 편작扁鵲: 중국 전국시대 명의. 사람의 오장을 투시하는 경지까지 이르렀다고 함.

⁝ 4부 ⁝

고추잠자리

맴돌다 가버린 세월
지쳐버린 날갯짓

청매화

순결에
속살 젖어 시린 듯 하얀 얼굴

고절 高節의
화신인가 네 넋이 그리 맑아

세속을
가까이 하랴
마디마디 그 향기.

목련

모진 바람 지났는가 햇살 고운 이른 아침
시리던 마음 한 켠 순수는 밀물지고

고결한
언어의 몸짓
첫사랑을 부른다.

청자 빛 하늘 열고 살포시 내민 가슴
오롯이 무심 여는 하얀 이슬 너의 눈빛

백학이
날아오른다
선녀들의 환호성.

고추잠자리

그리움
깊게 뿌린
하늘은 쪽빛 먼데

크나 큰 눈망울에 짙은 향수 어리 젖어

맴돌다
가버린 세월
지쳐버린 날갯짓.

마음속 거울

네 앞에 서 있으면 남쪽 하늘 먼 고향 집
텃밭 매던 내 어머니, 소꿉친구 탱자 골목

외로워
마음 시릴 때
사알짝 꺼내 보는.

착하던 사투리들 강물처럼 흘러가고
흐르다 갈대숲 그늘 하아얀 그리움만

내 마음
세월을 감는
사념 속의 조각들.

해금강 소나무

해풍에
천 년 세월
그리도 아픈 몸짓

먼 하늘
날고파서 파란 깃 활짝 펴고

오늘도
바위 틈새를
온몸으로 녹이는가.

담쟁이덩굴

덩굴 손 끈끈한 정 어딘들 못 오르랴
나무도 담장 위도 허공 먼 바람벽도
온몸을 던지는 아픔 어둠마저 녹이며.

고운 결 너른 잎새 하늬바람 푸른 날에
속살 떼어 꽃 피우고, 열매도 익는 계절
꽃단풍 그리 눈부셔 별이 되어 지는가.

볼그레 가는 핏줄 목덜미가 시릴망정
순명殉名*을 사는 그 뜻 세월을 움켜잡고
되돌아 못 온다 해도 고개는 아니 돌려.

* 순명殉名: 명예를 위해 목숨을 바침.
* 제2회 대은시조문학상 수상작(2015)

여심

우짖던
산새들도 잠들어 깊은 고요

휘영청
달 밝은 밤 오는 길 잊었는가

강 건너
옷깃 소리에
귀를 여는 먼 달빛.

파도

하늘빛 닮고파서 한 목숨 내던지면
그 무게 너무 아파 바위는 깊이 울고

순간을
허공에 머문
네 몸짓은 바람이다.

분수처럼 뿌린 욕망 허무를 잡는 눈빛
산산이 부서지다 풀꽃으로 내리는데

초저녁
푸른 별 하나
어깨 위에 앉는다.

장대비

목마름을 파고드는
그리움의 잔상들

잊으려 둑을 열고
한 같은 몸부림을

얼마를
더 뿌려대야
슬픈 응혈 풀릴까.

만남

일상을 돌려놓고 훌훌히 떠나는 길
차창엔 울음이듯 하얀 강물 뒤트는데

시간을
소급한 사랑
허허로운 설레임.

만남의 몸짓이사 허황한 줄 알면서도
마음 속 채운 빗장 살며시 열고 보니

밤하늘
정 담은 님이
눈썹달을 안고 있네.

우체통

침묵의 상자 속에 눈빛은 살아 있다

목마른 기다림은 시간 밖에 서성이고

타버린
가슴 한쪽이
모퉁이 길 걷고 있다.

가을의 무게

하아얀 밤꽃 향기 온 산을 너풀거려
벌 나비 욕심 많아 밤낮으로 구애하다

속삭임
들었나 보다
육칠월이 싱그럽다.

햇살은 조심스레 귀를 열고 엿듣는데
벙긋이 몸을 여는 새 생명의 경이로움

여무는
가을의 무게
가만 눈을 감는다.

소라 껍데기

살뜰한
그리움을
안으로만 다 삭히고

덩달아 올랐다가 속절없이 깨어지는,

파도야
널 사랑한 죄
하얀 달빛 뒹굴어.

그대는 아는가

긴 목을 빼어들고 하얀 구름 눈빛 주며
갈바람 부르는 뜻 그대는 알고 있나

소리는
비켜 지나도
흔들리는 저 몸짓.

강물은 달을 물고 무심을 흐르는데
기다림 숙명처럼 안고 사는 그 속내

영혼을
외치는 절규
갈대꽃의 속울음.

허수아비

앞 뒷산 타는 잎새
골마다 꽃빛 단장

제 몸을 불사르며
하늘 나는 꿈을 꾸네

터엉 빈
이내 가슴엔
뉘라서 불을 지피누.

가을 단상

지번地番 없는 푸른 하늘 지나는 하얀 구름
구름 따라 밟아보는 가을 햇살 여문 언덕

알밤이
터지는 소리에
뒤돌아 귀를 연다.

가다가 지친 날엔 산그늘에 쉬어가고
국화 향 훔쳐다가 목마름에 걸치면서

갈바람
고향쯤에다
젖은 어깨 풀고 싶다.

시월의 끝자락

시월의 끝자락에
곱게 물든 단풍잎들

속살 시린 추억 한 잎
못다 태운 사랑 한 잎

저녁놀
언덕 너머로
비상하는 꿈의 조각.

돌샘

천 일의 가뭄에도 바위 틈 청간수는

달빛 서린 옹달샘에 기도처럼 내리네

어둠을 빗질하는 새벽 어머니의 정안수.

젖은 날개

축축한 내 날개가 창공을 잠시 접고
밤하늘 창가에서 어둠만 삼키는가

곱게도
부르던 노래
말 부림을 잊은 채.

밤새워 파닥여도 날갯짓 부질없어
바람아 맑은 바람아 젖은 깃을 빗겨다오

내 가슴
그리운 노래
먼 하늘을 날고 싶다.

접이부채

연꽃 입술 봉긋봉긋 옥빛 하늘 열더니만

어느새 속정 태워 여문 연밥 이고 있다

접어둔
부채 속에도
세월 가고 있었네.

시인의 꿈

이 세상 끝나는 날 빈손으로 떠난대도
열여섯 손녀 눈빛 가슴 열고 읽어 줄,

시 한 편
남기고 싶다
가을 강을 수놓는.

복사빛 두 뺨 위에 이슬로 흘러내릴,
별처럼 맑은 영혼 내 빛깔로 그린 사랑

영롱한
별이고 싶어라
어둔 밤을 녹이는.

비누 1

물기 젖은 침상 위에
향기로 앉았다가

요염한 몸짓으로
다가오는 하얀 유혹

눈 감고
구애를 하면
이 몸이 정화될까.

비누 2

무시로 보시하면
극락왕생 한다기에

두 손 모아 아픔 여는
가엾은 중생 만나

이 한 몸
속살을 깎아
세속을 지워주리.

〈문학박사 원용우 팔순기념 축시〉

지혜로운 여강의 숨결

고운 골 여주 땅에 백학이 높이 날아
굽이 돈 강물 따라 광나루에 앉으셨네
큰 인물 옆에 계시니 마음 더욱 기뻐라.

평생을 닦은 학문 고결한 선비 정신
집필한 서적 위에 높은 인품 별빛인가
따르는 인재들 모아 가르치는 즐거움.

풍진의 세상 소식 한쪽 귀로 담아 놓고
불편한 마음 이랑 스스로 정화하니
무언들 거침 있으랴 지나는 청풍이여.

한평생 쟁기질로 시조 사랑 후학 사랑
너울진 세월 자락 무심으로 빗질하며
여강에 띄워 두소서 향기로운 꽃향기.

5부

굴렁쇠

목마른 가슴 하나로
젖은 시간 굴린다

홍매화 피는 밤에

달빛에 부푼 가슴 감추는 흔들림에

입술 봉긋 터진 향기 담장 넘어 천 리 길

널 닮지
못하는 나는
별꽃만 세고 있다.

꽃비

바람에 나붓대는 살빛 고운 여인들이
제 갈 길 헤매다가 산문山門 길을 묻는다

바람결
스치는 눈빛
젖은 옷깃 털라 하네.

하얀 가슴 너울지면 먼 하늘 흔들리고
비움도 아픔인가 청산 넘는 목탁 소리

고행 길
아직 멀어라
일주문은 저긴데.

하얀 길

-백발가

그 누가 하얀 숲길
아니 갈 수 있겠는가

싫다고 돌아서도
속절없이 걷는 길

평생을
젖은 짐 풀고
고향이듯 가는 길.

구름의 고향

얼마간 머물지는 가벼이 묻지 마라
어디로 가느냐는 아예 묻지 말아라

꽃 피는
가을 강물에
덧없는 그 인연을.

흐르는 강물이야 갈대 그늘 머무는데
하늘 끝 어디에도 내 한 몸 쉴 곳 없어

옷고름
푸는 바람에
하얀 갈증 얹는다.

맹꽁이

그리워 우는 건지
외로워 우는 건지

듣는 이 숨결 따라
아림으로 다가올 때

장대 비
서산을 넘고
칠월도 재를 넘고.

굴렁쇠

동그란 우주 안에 보라 향 꿈을 걸고
고샅길 돌아 돌아 들길을 내달리며

넓은 벌
푸른 날갯짓
몸살 하던 어린 시절.

동심을 움켜잡고 언덕길 숨이 찬데
식어가는 석양 아래 잡힐 듯 머언 별빛

목마른
가슴 하나로
젖은 시간 굴린다.

연꽃

정토의 귀하신 님
꽃등을 짊어지고

살포시 내리셨네
초록빛 요람 위에

사바를
구원하시려
가슴마다 켜는 등불.

연밥

무심을 헹궈 내어
구름 위에 얹어 놓고

속진 俗塵을 모두 태워
여무는 그 목마름

한 목숨
무주상 보시*
합장하는 천진불*.

* 무주상 보시(無住相布施): 자랑도 표시도 없이 남모르게 하는 순수한 선행.
* 천진불: 동자승처럼 천진난만한 아기 부처

낙화

꽃잎이 지는 사연
어찌 바람 탓만이랴

불타는 노을처럼
나도 그리 지는 것을,

사는 게
덧없다는 걸
오늘 안 건 아니련만.

상사화

목마른 그리움에 말라버린 삶의 조각
한번쯤 보고 싶은 아득한 바램으로

속눈썹
길게 세우고
먼 하늘 바라본다.

빛바랜 운명 속에 만날 수 없는 아픔
불이 不二의 나를 찾는 깨침의 몸짓인가

끝내는
타버린 갈증
달빛 끝에 눕는다.

버리려 해도

과욕도
오만함도
주체할 길 전혀 몰라

모두 다
던지고파 청산을 소리쳐도

메아리
없는 하루를
등짐 지고 다시 오네.

인연

봄바람 스치던 날 꽃잎은 흔들리고
눈빛 마주 흐른 세월 깊은 정 아득한데

빈 가슴
내리는 밤비
잡은 손 놓지 못해.

만남도 헤어짐도 피고 지는 잎새인가
이별이 쉬울 양이면 마음 이리 아릿할까

보내면
아픔이 오고
떠난대도 매한가지.

땔감나무

초동의 낫에 걸린
내 마음 목마른데

푸르던 지난날이
꿈만은 아니었네

열매는
산새를 주고
잎새는 바람에게.

풍경소리

비바람 긴 세월에 속살을 다 내주며
사바를 떨쳐보려 빈 가슴 천 번 쳐도

비우지
못하는 번뇌
홀로 외는 독경 소리.

네 곁에 가고파서 밤 세워 합장해도
흔들리는 시간 속에 두 눈은 감겨 오네

둥글고
푸른 눈빛으로
내 마음을 때려다오.

득음 得音

몸으로 노래하다 슬픔을 울어댄다
얼마를 더 아파야 하늘이 열리는가

영혼을
모두 태운다
천 번 우는 저 매미.

울음을 만져보려 창문을 열어 본다
그만 지쳐 누웠는가 득음하여 승천했나

그 소리
아니 들리네
내 목소린 타는데.

입영

빠 악 빡
까까머리
깊은 산 속 출가 出家인가

'철들어 오겠다'며 두 손 멀리 흔들던 날

삭풍이
휘몰아치듯
저려오는 어미 가슴.

통일 전망대에서

하늘 빛 푸르러도 보일 듯 보이지 않는
손들어 가늠하니 지척도 천리구나

한 많은
사연을 안고
기다리다 지친 세월.

새들은 오가는 길 통일로가 있나 보다
눈물로 떠난 고향 두고 온 정 그리 아파

갑년 甲年을
지난 오늘도
피 토하는 유월 장미.

슬픈 눈빛

- 친구를 보내며

소슬한 늦가을 비 석양은 벌써 지고
차디찬 너의 손에 떨어지는 뜨건 눈물

가는가
삶의 끝자락
못다 한 말 어쩌라고.

잡은 손 울먹임은 꽃잎처럼 떨리는데
그리 고운 단풍잎도 찬바람에 지는 것을,

먼 훗날
아미타에서
만나자던 그 눈빛.

동반자

- 내 그림자

오가다 만났다면 숙명이라 하겠는가
태어나 빛을 볼 때, 그때 너는 나를 닮고
어둠에 잠길 때에는 나는 분명 너였다.

애환의 긴 여정을 말없이 따라다녀
미련도 그런 미련 허기를 졸라매고
지독한 그리움 같은 또 한쪽의 내 모습.

빛 없는 어둠 속을 운명으로 앉았다가
지쳐버린 삶의 무게 내려놓는 순간에도
햇살이 너무 고왔노라 옷깃 접는 그 미소..

허무를 밟으며

올곧게 살겠다고 옥물던 파란 가슴
얻은 게 무엇인가 울림 없는 메아리뿐
나 없는 그림자였네 방향 잃은 지남차*.

하루가 별 수 없이 또 하루 되는 것을,
당연한 그 이치를 이제 안 건 아니련만
내 마음 보듬어 안고 삶의 조각 깁는다.

일 년도 수유*런가 세월은 맴도는데
바람 일어 구름 가고 구름 따라 나도 가고
어디로 가는 것일까 나를 찾는 윤회여.

* 지남차(指南車): 수레 위에 신선의 목상(木像)을 싣고 달리는 방향과는 상관없이 목상의 손가락이 항상 남쪽을 가리키게 만든 중국 고대 수레.
* 수유(須臾): 잠깐을 뜻함.

달력의 미소

걷다가 달리다가 벽 그림자 흘깃 보니
열두 번 뒹군 낙엽 추억으로 가라앉고
얼룩진 내 얼굴 한쪽 옹이처럼 박혔다.

헛헛한 욕망의 숲 채울 게 하나 없어
시간을 걸어 놓고 새김질을 하다 보니
마지막 잎새 하나가 좌선하듯 미소만.

시조창 唱

옛 선비 타는 시구詩句 삶의 애환 굴리다가
고운 정 나래 펴니 구름 끝을 비상한다

옛 명창
환생하셨나
그 목소리 천하 절창.

겉청 속청 서로 만남 저리도 처연할까
얼우는 숨결이야 주체 못할 계면*인데

아픈 삶
타버린 갈증
영혼으로 울어라.

* 계면: 계면조(界面調)의 준말, 국악에서 쓰이는 슬프고 처연한 느낌을 주는 음계.

〈충북대 로스쿨 **靑懋** 이영진 교수 정년퇴임 기념 축시〉

學德의 허리띠를 졸라매고

진주라 남강 물은 굽이돌아 천 년 맑고
촉석루 붉은 기둥 높이 올린 용마루 끝
꽃구름 빗긴 마을에 청학의 깃 펼쳤네.

올곧은 선비 정신, 명경같이 맑은 성품
푸른 솔 마디마디 살냄새 칭칭 감고
바람이 이는 달밤엔 새소리를 듣는다.

법문의 텃밭이랑 자랑으로 가꾼 뜰
천하에 모인 영재 아쉬움을 돌아보네
아직도 서재의 등불 꺼지지 않았는데.

학문과 덕망으로 허리띠를 졸라매고
뜨건 가슴 활짝 열어 사랑으로 사신 여정
축복이 쌓이는 나날 화수분이 되소서.

이미숙 시조집: 『별꽃향기를 걸어놓고』 평설

세월을 움켜잡고
필연을 꿰매는 삶의 의지

문복선(시조시인, 시조문학문우회 회장)

1. 머리말

태금 이미숙 시인의 시조집 『별꽃향기를 걸어놓고』 상재를 진심으로 축하한다.

이미숙 시인의 고향은 경남 진주다. 진주는 아름답고 청정한 도시다. 자연이 아름다운 곳에서는 훌륭한 시인 묵객이 많이 나온다. 이 시인도 중학교를 마칠 때까지 시심을 가다듬고, 습작 활동도 했다고 한다. 서울로 올라와서는 시조창을 배워 현재 명인명창으로 광진문화원에서 사범으로 열심히 활동하고 있다. 매년 광진구 전국

시조경창대회도 열어 시조창 보급 활동에도 온힘을 다 쏟고 있다. 그림과 고전 무용에도 일가견을 이루고 있으며, 이에 시조 시인이 되었으니, 이 시인은 타고난 예술적 높은 소양과 자질을 갖춘 사람이다. 근 10년 전부터 시조문학을 공부하고 창작 활동을 열심히 한 결과 일찍이 〈시조문학〉지에 신인문학상으로 등단하였고, 시조문학 작품상을 받았다. 지난해에는 제2회 대은시조문학상(한국시조협회)이란 큰 상도 받았다. 현재 한국시조문학문우회, 여강시가회 및 한국시조협회 회원으로 열심히 창작 활동을 하고 있다. 지난 근 10년 동안 모은 시조 작품을 정리하여 이번에 첫 작품집 『별꽃향기를 걸어놓고』를 상재하였다. 이미숙 시인의 작품을 만나보도록 한다.

작품 감상의 효율적 접근성의 확보를 위해 시적 소재나 그 내용에 따라 다섯 단계로 나눠 보았다. 이미숙 시인의 작품은 대체적으로 고향과 어머니에 대한 그리움과 지쳐버린 날갯짓으로 삶의 아픔을 극복하면서 삶의 필연을 꿰매가는, 진실하고 멋스러운 자아의 모습을 찾아가는 내용이다. 모든 작품에 진한 그리움과 깊은 아픔과 자존적 삶의 의지가 담겨 있다. 이러한 시인의 삶의 모습과 사고의 바탕, 그리고 정서적 특성을 어떻게 시적 진실의 세계로 끌어올리고 있는가? 아울러 언어의 선택 및 구사력과 시적 표현 기교의 적절성과 그 세련미를 알아본다. 그리고 작품 속에 묻어 있는 시인의 자연관과 삶에 대한 가치관, 인생관 등을 작품의 언어적 구조와 시적 배경을 분석함으로써 접근해 본다.

2. 내 고향 진주, 무화과 향기에 젖어

떠나온 지 오래되었건만, 이미숙 시인의 가슴 속에는 고향에 대한 향수가 매우 깊게 남강물처럼 흐르고 있다. 현재 살고 있는 곳, 또한 한강을 끼고 있는 광진구 강변이다. 물안개 옷깃 감는 갈대밭 길에 두고 온 애잔한 추억이 있다. 그리움이 너울지는 추억의 독백을 들어 본다.

향수를 맛보려고 계절을 달려간다
무화과 한 송이를 손에 들고 머언 남쪽
진주라 내 고향 옛집 파란 하늘 처마 끝.

무화과 잎새마다 햇살이 꽂히는 날
가지에 오른 나는 열매로 익고픈데
꽃 피는 계절 끝자락 내공 쌓던 네 눈빛.

평생을 살았어도 꽃 없고 열매 없어
신산한 시간만이 바람에 밀려오고
언제나 내 가슴속에 젖어드는 네 향기.

—「무화과 향기」 전문

위 「무화과 향기」는 무화과 향기 그윽한 옛 고향에 대한 향수를 노래한 작품이다. 첫째 수는 무화과를 손에 들고 옛 고향을 그리워하는 마음을, 둘째 수에선 무화과처럼 익고 싶었던 어린 시절의 아름다운 추억, 셋째 수에선 신산한 세월 속에 젖어드는 향수를 노래했다. 무화과는 무화과나무의 열매다. 무화과나무는 높이 2~4m로 자란다. 봄부터 여름에 걸쳐 잎겨드랑이에 주머니 같은 꽃차례가 발달하며, 그 속에 작은 꽃이 많이 달린다. 과일은 가을에 담자색으로 익으며, 보드랍고 향긋한 그 맛이 일품이다. '우담화'라고도 한다.

첫째 수 초장 "향수를 맛보려고 계절을 달려간다"의 뜻은 무엇인가? '향수'는 무화과 향기에 연결된다. 구시월쯤 가을이 되면 시적 화자는 고향을 만나러 과일 가게로 달려간다. 다행히 무화과 몇 송이를 사들고, 마음은 먼 남쪽 고향, 진주의 옛집으로 달려가 어린 시절을 만난다. 진주는 아름다운 관광 도시요, 명승고적의 고장이다. 촉석루, 진양성지, 의랑암, 서장대 등 유명한 곳이 많으며, 유유히 흐르는 남강과 자연 경관이 맑고 아름다운 곳으로 스쳐 지나만 가도 왠지 정이 가는 곳이다. 촉석루 높고, 푸른 남강을 굽어보는 고향 옛집, 언제나 파란 하늘이 내리는 정원 한쪽에 무화과나무 한 그루가 다정하게 우뚝 서 있다. 내 고향 내 집같이 편안하고 안락한 곳은 없다. 누구의 간섭도, 구속도 없는 절대의 안락경이 내 고향 내 집이다. 고향이란 그 사람의 가슴엔 안식과 사랑의 원류요, 버릴 수 없고 또 잊을 수도 없는, 따뜻한 모토(母土)다. 그래서 고향과 옛집은 숙명과 같은 집념의 장소다.

둘째 수는 어린 시절 살았던 옛집의 무화과처럼 익고 싶었던 아름다운 삶의 의지를 노래하고 있다. 푸른 하늘 아래 너울거리는 무화과나무의 파란 잎새, 그 위에 반짝거리는 맑은 햇살이 꽂힌다. 화자는 가지에 올라 무화과로 익고 싶었나 보다. 갑자기 '보리수'의 "가지는 흔들려서 말하는 것같이" 노래 구절이 떠오른다. 가을의 온갖 꽃들이 아름다움과 향기를 뽐내는데, 무화과나무는 작은 꽃을 속으로 감추며 은근한 향기만 던진다. 그렇게 내적 세계를 채우며 익어가는 무화과 향기로 살고 싶었던 화자의 어린 시절의 눈빛과 그 꿈이 얼마나 순수하고 아름다운가.

셋째 수를 본다. 이제 화자의 시선은 현실로 돌아온다. "평생을 살았어도 꽃 없고 열매 없어" '맵고 고된 세상살이만이 어쩔 수 없이 밀려온다'고 탄식을 한다. '꽃'과 '열매'는 하나의 아름답고 진실한 결과물을 상징한다. 꽃과 열매가 없다는 것은 가치적 존재로서의 꿈의 상실이다. 그러나 종장에서 내적 반전을 이룬다. 시적 화자의 가슴은 언제나 무화과 향기에 젖어 있다. "모든 불완전한 존재는 완전한 존재를 향하여 자기를 초월한다" 프랑스 철학자 데카르트(17c)의 말이다. 향기를 상실하지 않는 존재는 곧 선(善)을 의미한다.

둘이서 머문 자리 가을 강 타는 노을
물새 우는 소리에도 눈시울 젖어 웃던//
그 사람 / 갈대로 서서 지난날을 기다릴까.

나 홀로 걸어보는 독백의 갈대밭 길
내리는 흰 눈 위에 추억은 쌓이는데//
나 여기 / 시간을 잡고 하얀 밤을 서 있네.

-「기다림1」 전문

제목이 '기다림'이다. 추억의 갈대밭 길에서 헤어진 님을 그리워하는 내용이다. 첫째 수는 '지난날 갈대밭 길을 함께 걷던 님이 그날을 생각하며 기다리고 있을까' 화자의 상상하는 마음을, 둘째 수에선 역시 눈 내리는 갈대밭 길에 서 있는 화자의 그리움과 아쉬운 심정을 형상화하고 있다. 작품 구조를 보면, 지난 날 님과 만나 정담을 나누던 자리가 갈대밭 길이다. 또 함께 걷던 때는 가을이요, 시적 화자가 홀로 걷는 때는 흰 눈이 내린 겨울이다. 그 안에 시간의 흐름이 개입된다. 그리고 둘이서 만났을 때는 붉게 물든 저녁노을이지만, 화자 홀로 서 있는 시간은 밤이다. 이는 만남과 이별, 기쁨과 슬픔, 동반과 고독, 희망과 절망의 정신적 심리적 갈등을 의미한다.

첫째 수, 가을이 타는 저녁노을 아래 물새 우는 소리를 들으며 두 사람은 강가의 갈대밭 길에 있다. 매우 서정적 낭만적인 분위기다. 하늘은 맑고 푸르며, 가을이란 계절도, 강이란 공간도 또한 맑고 깨끗하다. 이러한 낭만적 자연의 배경 속에서 다정한 연인의 만남은 얼마나 고결하고 아름다우며 멋스러운가. 사랑의 감정을 바탕으로 한 남녀 간의 인연이야 고귀한 필연적 귀결이다. 가을은 열정과 이지가 충돌하는 계절이요, 불타는 듯 단풍과 저녁노을은 사람의 열정을 끓어 올린다. 타는 가을과 노을은 불꽃을 상징한다. 불꽃은 전신에 흐르는 생명의 여운이요, 그것을 바라보는 인간의 영혼 속에서 순수하고 아름다운 열매를 맺는다. 물새의 맑고 애잔한 울음소리에 떠난 님은 눈시울을 적신다. 그렇게 정감적인 그 사람은 지금은 존재하지 않는다. '어쩌면 떠난 사람도 지난날이 아쉬워서 갈대밭 길의 아픈 추억을 밟지 않을까' 화자는 아릿한 아쉬움만 던진다. "눈시울 젖어 웃던"과 "지난날을 기다릴까" 등 역설적 표현은 시 내용의 정서적 깊이를 더해준다.

둘째 수를 본다. 세월이 흘렀다. 시간은 모든 것을 변화시킨다. 화자는 혼자서 흰 눈이 내린 갈대밭 길에 아쉬움의 추억을 뿌리며 외로이 걷고 있다. "갈대밭의 독백"은 만남의 기쁨과 헤어짐의 아쉬운 느낌을 형상화한 것이다. 흰 눈은 아름다운 하얀 언어다. 흰 눈 위에 지난날의 순수하고 아름답고 애틋한 사랑의 감정이 쌓일 뿐이다. 끝으로 화자는 "갈대밭 길에서 시간을 잡고 하얀 밤을 서 있네"라고 노래했다. 시간은 지난날 순수하고 고결한 만남을 다시 꿰매주지 않는다. 그리움과 기대와 갈등과 체념 속에서 기다림의 감정은 야위어가고 있다. 기다림은 아름답고도 슬픈 것이며, 하나의 삶의 부조리다. 서로 모순되는 기도 속에서 기다림의 꽃은 핀다.

3. 어머니 옥양목 적삼에 언제나 별꽃은 피고

이미숙 시인은 평소 사용하는 언어나 정서적 바탕으로 보아 어머니에 대한 그리움이 매우 짙다. 애틋한 모정이야 누군들 없으랴마는, 이 시인의 모정에 대한 생각은 언제나 가슴 속에 구체적으로 생생하게 살아 있다. 평생을 들꽃 무늬가 있는 적삼을 즐겨 입었고, 또 꽃밭 및 채소밭 가꾸기, 그리고 밤 이슥도록 바느질을 하던 어머니에 대한 회상과 보고픔은 이 시인의 뿌리 깊은 정서요, 삶 그 자체라고 해도 지나친 말이 아니다. 이런 의미에서 다음 작품을 감상한다.

밤하늘 별꽃들은 잠이 오지 않나 보다
은빛 설화 몇 잎 따서 어둠을 굴리다가
떨어진
친구 눈빛을 찾으려고 내려온다.

이른 봄 텃밭이랑 시름 매던 어머니
옥양목 젖은 적삼 세월이 금이 가도
푸른 별
무늬져 피는 앞섶 자락 꽃향기.

보고파 저린 가슴 던져보는 하늘 채전
밭 그늘 하얀 미소, 땀 냄새 목이 말라
별꽃을
횃대에 걸고 목소리를 만진다.

—「별꽃향기를 걸어놓고」 전문

위 작품은 밤하늘 반짝이는 별을 바라보면서 어머니에 대한 그리움을 노래하였다. 한 편의 '사모곡'이다. 첫째 수는 밤하늘 별꽃을 바라보는 모습을, 둘째 수는 들꽃무늬 적삼을 입던 어머니에 대한 회상을, 셋째 수에서는 들꽃무늬 적삼과의 대화를 이미지화하였다. 시제를 보면, 현재에서 과거 회상, 그리고 다시 현재로 연결된다.

첫째 수에서 화자는 밤하늘 별을 바라보고 있다. 밤은 진실하고 서글픈 아름다움을 말해준다. 하늘의 반짝이는 별들은 詩를 뿌리면서 푸른 물속에서처럼 맑게 흔들린다. 밤하늘에 떠 있는 별들은 언제나 침묵 속에 미소를 던지며, 사람들에게 말을 하게 한다. 꽃은 가장 속임없는 사랑의 언어다. 별꽃은 침묵의 언어로 사랑과 평화와 인정, 그리고 아름다운 꿈을 던져준다. 또 우리에게 위안과 희망과 기도와 사색의 자세를 가르쳐준다. 별들의 하얀 언어는 어둠을 굴리면서 은빛 설화를 이야기한다. 그 사이 어쩌다 보니 친구 하나가 안 보인다. 지상으로 내려온 별똥별인가 보다.

둘째 수 "이른 봄 텃밭이랑 시름 매던 어머니"를 회상하고 있다. 하늘의 별꽃과 들꽃 무늬 적삼을 입고 텃밭을 매던 어머니와 연결된다. 사람의 상념이란 반드시 어떤 사상(事象)과 맞부딪침으로 출발한다. 봄이 누구에게나 온다는 것은 참으로 다행한 일이다. 봄은 생명이 약동하는 소생의 계절이요, 성장의 계절이다. 이지가 아닌 감정의 계절인 봄철의 모든 숭앙은 사랑으로 연결된다. 텃밭을 가꾸는 어머니의 시름은 무엇인가? 살다보면 누군들 근심 걱정이 없겠는가. 자식 걱정, 살림 걱정, 건강 걱정 등. 어머니의 옥양목 적삼은 늘 젖어 있다. 세월이 젖고 금이 가서 아플 정도로 열심히 산 어머니다. 종장 "푸른 별"은 적삼의 들꽃 무늬요, 적삼 앞섶자락에선 언제나 들꽃의 향기가 풍긴다. 꽃향기는 바람을 거스르지 못하지만, 어머니의 옷자락에 핀 들꽃 향기는 어떤 상황 속에서도 사방으로 풍긴다. 어머니의 젖은 적삼에 핀 들꽃은 세월을 초월하는 사랑이기 때문이다.

셋째 수를 본다. 화자의 상념의 눈빛은 현실로 바뀐다. 가슴이 저리도록 보고 싶고, 또 한없이 그리운 존재가 곧 어머니다. 그래서 창문 밖 먼 하늘을 바라본다. 어머니는 살아생전 항상 미소를 잃지 않고 언제나 따뜻하고 다정한 목소리로 이야길 한다. 그리고 쉼 없이 고단한 삶을 꿰맨다. 어머니의 땀 냄새가 몹시 맡고 싶은 밤, 들꽃 무늬가 빛바랜 어머니의 적삼을 횃대에 걸어놓고, 어머니의 다정하고 사랑스러운 목소리를 만진다. 목소리를 만진다는 것은 대화의 형상화다. "신이 모든 곳에 있을 수 없어 어머니를 세상에 보냈다" 서양 속담이다. 시인의 시적 상상력이 뛰어나다.

찢겨진 골무 하나 / 물려주신 내 어머니//
졸음에 피멍으로 / 한세월 아프셨죠//
그 골무 / 끼고 살지만 / 내 시간도 아픕니다.

―「골무의 아픔」 전문

위 시는 물려받은 골무를 통해 어머니의 정을 회상하는 내용이다. 현재와 과거가 오버랩 된다. '골무'는 바느질할 때 바늘을 눌러 밀기 위하여 손가락 끝에 끼는 물건이다. 바느질은 마멸과 단절을 막아내는 결합의 의지다. 바느질은 칼과 달리 두 동강 난 것을 하나로 합치는 작업이다. 바늘의 언어는 융합과 재생의 언어로 구성되어 있다. 이를 효율적이고도 안전하게 이룰 수 있도록 도와주는 것이 골무다.

화자는 찢겨지고 다 낡은 골무를 보고 어머니를 생각한

다. "여자는 약하나 어머니는 강하다" 프랑스 시인 위고(19c)의 말이다. 한 사람의 훌륭한 어머니는 백 사람의 교사에 필적한다는 말도 있다. 모든 인간의 사랑은 모성으로부터 시작하여 모성으로 끝난다. 소중한 머리카락을 잘라서 자식을 위하는 어머니의 희생정신과 그 사랑은 인간이 갖는 가장 고귀하고 아름다운 본능적 행위다. 사랑이란 자기희생이다. 이것은 우연에 의존하지 않는 유일한 우리의 행복이다. 모성애 같은 사랑의 마음 없이는 삶의 본질도 진리에도 접근할 수가 없다. 어머니로부터 골무 하나를 물려받은 화자의 의지는 어머니처럼 인간 생활의 최후의 진리며 최후의 본질인 사랑에 접근하고픈 것이다.

그러나 고달픈 삶의 현실은 어디 따스한 사랑만이 있겠는가. 밤 이슥도록 바느질을 하다보면 졸음이 밀려오고, 그러다 보면 무의식적인 실수로 바늘로 손을 찌르게 된다. 그렇게 아픔을 참고 살기를 한평생이다. 헤어진 옷을 꿰매고 천을 맞붙여 바느질하는 게 쉬운 것 같으면서도 매우 조심스럽고 고단한 작업이다. 피멍든 한세월, 모든 어머니, 아니 모든 사람들의 고단하고 힘든 삶의 모습이다.

종장, 물려받은 골무를 끼고 사는 화자의 삶도 아프다고 고백한다. 바늘이 손을 찌르지 않도록 방어하는 것이 골무다. 그러나 힘들고 아프고 고뇌에 찬 현실을 살아가는 데는 방어 능력이 거의 없다. '골무'라는 조그마한 도구를 통하여 인간의 삶의 아픔과 고뇌를 시적으로 형상화한 시인으로서의 시적 안목이 높이 평가된다.

4. 푸른 날갯짓, 자아를 찾아서

보랏빛 꿈을 굴리며 고샅길을 돌아 파란 벌과 가파른 언덕길을 숨차도록 내달리던 어린 시절, 그 푸른 날갯짓은 남녀가 따로 없다. 옛날엔 그만큼 아이들 놀이기구가 없었다는 이야기도 된다. 굴렁쇠를 굴리는 것은 어쩌면 미지의 자아를 찾아가는 무의식적 행위일 수도 있다. 굴렁쇠를 굴리던 어린 시절로 돌아가 보자.

동그란 우주 안에 보라 향 꿈을 걸고
고샅길 돌아돌아 들길을 내달리며//
넓은 벌 / 푸른 날갯짓 / 몸살하던 어린 시절.

동심을 움켜잡고 언덕길 숨이 찬데
식어가는 석양 아래 잡힐 듯 머언 별빛//
목마른 / 가슴 하나로 / 젖은 시간 굴린다.

—「굴렁쇠」 전문

위 작품은 어린 시절의 순수하고 천진난만한 꿈을 노래한 내용이다. 굴렁쇠는 어린이 놀이기구의 하나로 자전거 바퀴처럼 둥근 모양의 쇠다. '동그랑쇠'라고도 한다. 첫째 수는 푸른 날갯짓을 하던 어린 시절의 꿈을, 둘째 수에선 동심으로 굴리던 목마른 어리 시절을 회상하고 있다.

첫째 수 초장을 보면 굴렁쇠를 우주에 비유하고 있다. 보랏빛 향기가 나는 꿈을 굴렁쇠에 걸고 고샅길과 들길을 힘차게 내달린다. 고샅길과 들길과 둘째 수 언덕길은 둥근 우주로 통하는 길이다. 동시에 화자의 보라 향기가 나는 꿈도 우주로 통한다. 어릴 때의 꿈은 순수하기 때문에 넓은 우주에 자연스럽게 연결된다. 다시 말하면 어린이의 마음은 곧 우주다. 굴렁쇠는 하나의 우주요, 그 우주는 동심의 세계다. 동심은 순수하고 아름다우며 가식이 없는 진실 그 자체며, 그들은 어떠한 계산도 할 줄 모른다. 그래서 "이익에 눈 밝은 기성세대는 파괴될지언정 어린이의 세계는 깨지지 않는다"라고 인도의 시성 타고르(19~20c)는 말했다. 어린이들은 모든 사물을 크게 보고 또 아름답게 본다. 이런 의미에서 동그란 우주를 굴리는 아이들은 모두 예술가다. 우주는 온갖 사물을 포괄하는 무한한 공간이요, 유구한 시간이다. 철학적으로 보면 우주는 질서 있는 통일체로 생각되는 세계의 전체다. 화자는 몸살이 날 정도로 굴렁쇠를 굴리며, 순수하고 아름다운 꿈을 꾸면서 살았다.

둘째 수의 시적 내용도 첫째 수와 크게 다르지 않다. 동심을 움켜잡고 언덕길을 숨이 차도록 화자는 달린다. 여기서 관심을 끄는 것은 '언덕길'과 '별'이다. 언덕길은 수평적인 고샅길 및 들길과는 달리 어느 정도 수직적이다. 땅거미 지는 언덕길 위엔 맑은 별빛이 내린다. 화자의 눈빛과 연결된다. 별은 언제나 어둠 속에서 빛나고 순수함과 아름다움을 잃지 않는다. 또한 별빛을 수용하는 것이 '목마른 가슴'이다. 화자는 맑은 별빛을 가슴으로 안으며 목마른 꿈을 잉태한다. 우주를 상징하는 굴렁쇠를 시간이 젖도록 굴리는 화자의 순수하고 아름다운 모습이 낭만적이고 또 의지적이다.

긴 세월 너울지는 인고의 몸짓으로
밀리다 밀리다간 죽음처럼 부서지는,//
바닷가 / 하얀 그리움 / 가슴 열어 푸는가.

낮에는 고운 노래 사랑을 흔들다가
밤에는 어찌 그리 한처럼 슬피 우나//
별 내려 / 호젓한 밤을 / 온몸으로 태워라.

–「파도의 노래」 전문

위 작품은 인고의 몸짓으로 사랑과 한을 노래하는 파도의 열정을 이미지화한 시다. 바다는 오염되지 않은 원시적이며 야성적인 순수성을 지닌다. 어머니 품속과 같은 무한대의 자애와 포용성을 갖고 있는 것이 바다다. 모든 생명 탄생의 원초적 고향이며 죽어서 돌아가는 곳도 바다다. 삶과 죽음을 함께 포용하는 바다는 세상의 모든 더러움과 상처를 씻어내고 정화하며, 분노와 동물적 발광도 수용한다. 그래서 바다는 바람이 불지 않아도 항상 파도가 인다. 파도는 수직으로 움직이며 열정을 노래한다. 언제나 희망을 갖고 있는 자는 노래를 부른다. 그 노래는 아름답고 고귀하며, 사람의 마음을 즐겁게 하고 맑게 정화하는 매혹적인 감각을 지니고 있다.

첫째 수는 인고의 몸짓으로 그리움을 푸는 파도를, 둘째 수에선 사랑과 한을 굴리다가 어둠을 태우는 파도의 모습을 비유적으로 형상화하였다. 너울지는 파도에는 시간이나 세월이 존재하지 않는다. 이를 초월하는 것이 파도다. "인고의 몸짓으로 / 밀리다 죽음처럼 부서지는"에서 '인고의 몸짓'은 무한한 시간 속에 무한한 공간을 건너오는 파도의 아픈 몸짓이다. 그 아픔은 끝내는 바닷가 백사장이나 바위에 죽음처럼 부서진다. 하얀 그리움을 남긴 채 죽음처럼 부서지는 파도는 또 다음 동작을

준비하기 위하여 조용히 물러난다. 밀려왔다가 밀려나가는 파도는 결국 고통의 연속이다.

둘째 수를 본다. "낮에는 고운 노래로 사랑을 흔들다가 / 밤에는 한처럼 슬피 우나" 여기서 파도의 노래는 낮과 밤에 따라 그 내용이 대조적이다. 낮에는 사랑을 노래하고, 밤에는 한 같은 울음이다. 이는 낮과 밤이란 시간적 배경과 그 분위기에서 오는 느낌의 차이다. 한낮에 바닷가에 가 보라. 파도는 맑고 아름다우며, 사랑하는 사람의 발자국이요 다정한 목소리같이 들린다. 이에 반해 깊은 밤 파도 소리는 떠난 님을 원망하며 한을 우는 울음소리다. 화자는 별 내려 호젓한 밤에 혼자서 파도 소리를 듣고 있다. 밤의 바닷가는 무서울 정도로 아주 고요하고 쓸쓸하다. "호젓한 밤을 / 온몸으로 태워라"는 화자의 강한 의지의 표현이다. '호젓한 밤'은 고독과 연결된다. 산다는 것은 본질적으로 고독이다. 고독은 뛰어난 정신을 가진 사람의 운명이며, 삶의 지혜의 가장 훌륭한 유모다. "고독은 가장 무서운 고통이요, 죽음과 같다"고 루마니아 소설가 게오르규(20c)는 말했다. 실로 '참된 행복은 고독 없이는 있을 수 없다'는 말을 수용해야 한다. 인생에 있어 고독은 올바른 가치관과 바른 길을 찾게 해주는 신비로운 특성을 지니고 있다. 고독한 만큼 사람들은 진실한 자아의 모습에 접근한다. 파도처럼 화자는 고뇌를 태우고 한을 정화하며, 또 뜨거운 사랑도 태우면서 자아의 참모습을 찾으려는 의지적 지혜를 파도에 비유해 차원 높은 시적 경지로 전환시키고 있다.

5. 비움도 아픔인가, 지쳐버린 날갯짓

사람이 살다보면 채울 때도 있고, 비울 때도 있다. 대개의 경우 젊어서 활동이 왕성할 때는 물질적 정신적 모든 공간을 채우려는 욕심이 있다. 한편, 나이가 들면서는 젊었을 때의 욕망은 점점 사라지고 뭔가 있는 것도 내려놓고 비우려는 마음으로 살아간다. 채우기도 힘들고 아프지만, 있는 것을 비우고 버린다는 것은 더욱 힘들고 아픈 것이다. 적절한 채움과 적절한 비움이 인생을 바르게 이끌어 가는 지혜가 아니겠는가. 헌데, 인생을 살다보면 채움과 비움의 시간은 고통스럽다. 고통스러운 세월은 삶의 날갯짓을 지치게 한다. 그래도 지친 날갯짓을 멈출 수는 없는 것이 또한 우리의 현실적인 삶이다.

바람에 나붓대는 살빛 고운 여인들이
제 갈 길 헤매다가 산문山門 길을 묻는다//
바람결 / 스치는 눈빛 / 젖은 옷깃 털라하네.

하얀 가슴 너울지면 먼 하늘 흔들리고
비움도 아픔인가 청산 넘는 목탁 소리//
고행 길 / 아직 멀어라 / 일주문一柱門은 저긴데.

–「꽃비」 전문

위 작품은 떨어지는 꽃잎을 바라보며, 삶의 아픔과 고뇌를 노래한 시다. 첫째 수는 방황하는 삶의 길을, 둘째 수에선 흔들리는 삶의 아픔을 노래하였다. 모든 생명체에는 탄생과 죽음이 존재한다. 다만 탄생과 죽음 사이의 시간이 좀 짧고 긴 차이일 뿐이다. 예로부터 '花無十日紅'이란 말이 있듯이 꽃의 수명은 그리 오래가지 않는다. 그래서 모든 꽃은 우리에게 아름다운 환희와 깊은 감동을 주는 것 같다. 꽃은 사랑의 가장 속임 없는 언어다. 꽃의 아름다운 침묵은 지상의 매력으로 인간의 마음과 영혼을 가장 고결하고 아름답게 만들어 준다. 또한 꽃은 우리에게 따뜻한 위로와 희망과 기도와 사색의 자세를 가르쳐 준다. 따라서 진정으로 우리의 삶과 우주를 사색하는 사람은 꽃이 시들거나 떨어질 때 비로소 진정한 꽃의 고결함과 아름다움을 보게 된다.

첫째 수 “바람에 나붓대는 살빛 고운 여인들”은 바람에 자꾸 나부껴 흔들리는 낙화의 모습을 의인화한 것이다. 아름답고 고운 꽃잎이 어지러이 떨어지는, 꽃비의 정경은 감동 그 자체다. 떨어지는 꽃잎들이 어디 똑 같은 방향으로 가겠는가. 어쩌다가 산문 길에 떨어진다. ‘산문’은 절 또는 절의 바깥문이다. 지나는 바람결이 낙화의 모습을 보면서 젖은 옷깃을 털라고 한다. 바람은 인간을 지혜롭게 하고, 또 부드럽고 시원한 쾌감을 느끼게 한다. 바람은 가시가 없고 모가 나지 않았기 때문이다. 꽃이 필 무렵에도 바람이 불지만, 꽃이 질 때도 바람은 분다, 이게 꽃바람이다. 청정하고 욕심 없는 바람은 ‘젖은 옷깃’, 즉 세속적인 삶, 번뇌를 정화해 주는 매체다.

둘째 수 초 · 중장의 표현기교와 시적 내용이 매우 깊이가 있고 인상적이다. “하얀 가슴 너울지면”은 하얀 꽃잎이 떨어지는 정경이요, “먼 하늘 흔들리고”는 실은 꽃잎이 어지러이 날리는 모습을 생동감 있게 시적으로 표현한 것이다. 나뭇잎이나 꽃이 피고 질 때 그 나무는 심한 고통을 받는다고 한다. 삶은 채움도 비움도 모두 아픔이요 고뇌다. 청산을 멀리 넘어가는 목탁소리도 모든 아픔과 번뇌를 비우려는 선(禪)적 몸짓이다.

종장, 그래서 삶의 아픔과 고뇌는 아직 끝나지 않았다. 절간으로 들어갈 수 있는 일주문은 저긴데, 낙화는 고뇌에 찬 인식의 거리감을 느낀다. 청산 넘는 목탁 소리 따라 꽃비는 무거운 마음의 세속적 옷깃을 털면서 제 갈 길을 찾아가리라. 어디로든 떠나지 않으면 아무 데도 도달할 수 없는 게 인생이다.

그리움 깊게 뿌린 / 하늘은 쪽빛 먼데//
크나큰 눈망울에 / 짙은 향수 어리 젖어//
맴돌다 / 가버린 세월 / 지쳐버린 날갯짓.

—「고추잠자리」 전문

위 작품은 '고추잠자리'라는 소재를 통해 삶의 향수와 고뇌를 상징적으로 노래했다. 고추잠자리는 수컷은 몸이 붉고, 암컷은 노르스름하며 암컷을 '메밀잠자리'라고도 한다. 날개는 노란색인데 후에 가장자리만 빛깔이 변한다. 초가을에 농촌이나 연못가에 떼 지어 날아다닌다. 농촌의 마당이나 풀숲 또는 맑은 연못가에 어지러이 나는 그들의 군무를 보면 정말 아름답고 멋스럽다. 고추잠자리는 낭만적인 가을의 서정시다.

초장은 그리움이 깊이 밴 쪽빛 하늘을, 중장에선 크나큰 눈망울에 어리 젖은 향수를, 그리고 종장에선 삶의 고뇌와 허무에 연결시키고 있다. 가을은 차고 이지적이면서도 그 속엔 정열을 감추고 있다. 높아가는 파란 하늘, 구슬픈 귀뚜라미 소리, 붉게 물드는 단풍잎 등 가을의 정경은 어느 것 하나 쓸쓸하고 서글프지 않은 게 없다. 파란 하늘은 한없이 높고 멀고 넓은 무한자다. 이 무한자야말로 하늘의 본질이요, 하늘의 정신이다. 파랗고 투명한 하늘은 우리들의 이데아다. 눈을 들어 하늘을 바라보는 순간 우리의 마음은 하늘과 일치한다. 일치되는 순간 우리의 감정은 한없이 맑고 순수해진다. 이것이 인간이 향유할 수 있는 가장 성스러운 그리움이다. 하늘을 바라보며 사는 사람들은 일단 행복한 것이다. 쪽빛 하늘에 깊게 뿌려진 그리움의 세계는 우리가 쫓겨나지 않아도 되는 유일한 낙원이다. 잠자리의 크고 둥글고 맑은 눈망울엔 향수가 짙게 어리어 젖어 있다. 잠자리의 크나큰 눈망울은 삶의 모든 언어를 말한다.

종장은 이 작품의 내용을 비유적으로 마무리하는 시적 표현의 압권이다. 잠자리는 날개도 얇고 투명하지만, 몸통을 보면 아무것도 없이 비어 있다. 채움의 욕심보다는 비움의 세월을 살고 있는 느낌이다. 잠자리가 맴도는 것은 원을 그리는 것이다. 이 세상 모든 사물은 원이거나 원의 일부다. 원의 둘레에서는 처음과 끝이 일치한다. 시간도,

세월도 모두 원이다. 시간을 맴돌다 보면, 세월은 저만치 흘러가고 무거운 세월을 나르던 날갯짓도 어느새 그만 지쳐버린다. 모든 삶은 고통이요 아픔이다. “삶에의 아픔과 절망 없이 삶에 대한 사랑은 있을 수 없다” 프랑스 소설가 카뮈(20c)의 말이다. 세월을 맴돌다 지쳐버린 날갯짓, 그러나 잠자리는 죽어도 날개를 접지 않는다. 내용이 상당히 서정적이면서도 삶의 깊이가 느껴지는 수작이다.

6. 목덜미가 시린 세월, 읊어보는 오도송(悟道頌)

덩굴 손 끈끈한 정 어딘들 못 오르랴
나무도 담장 위도 허공 먼 바람벽도
온몸을 던지는 아픔 어둠마저 녹이며.

고운 결 너른 잎새 하늬바람 푸른 날에
속살 떼어 꽃 피우고, 열매도 익는 계절
꽃단풍 그리 눈부셔 별이 되어 지는가.

볼그레 가는 핏줄 목덜미가 시릴망정
순명殉名을 사는 그 뜻 세월을 움켜잡고
되돌아 못 온다 해도 고개는 아니 돌려.

–「담쟁이덩굴」 전문

위 작품은 순명을 사는 삶의 강한 의지를 노래하고 있다. 2015년 제2회 대은시조문학상(한국시조협회)을 수상한 작품이다. 조선 초 이방원이 역성혁명을 일으키고 문인 정몽주와 무인 변안열을 불러 뜻을 함께할 것을 요청했다. 포은 정몽주는 「단심가」로, 대은 변안열은 「불굴가」로 忠臣不事二君의 뜻을 노래하였고, 이에 두 사람은 죽임을 당했다. 대은시조문학상의 배경을 간단히 설명하였다. 시적 소재로서의 '담쟁이덩굴'은 덩굴손으로 돌담 · 바위 · 나무줄기에 붙어서 길이 10m 이상 자란다. 덩굴손은 끝에 동근 흡착근이 생기며, 붙으면 잘 떨어지지 않고 가지가 많이 갈라진다. 여름에 담록색 꽃이 피고, 가을에 장과가 익으며 가을 단풍이 매우 아름답다.

첫째 수는 온몸을 던지는 삶의 아픔을, 둘째 수는 꽃 단풍이 별이 되어 떨어지는 모습을, 셋째 수에서는 순명을 사는 삶의 강인한 의지를 노래했다. 계절도 순차적 변화 과정을 리얼하게 묘사하고 있으며, 구성도 잘 짜여져 탄탄한 인상을 준다. 첫째 수, 덩굴손은 흡착력이 강해 어디든지 오른다. 허공 먼 바람벽도 오른다. 그만큼 집착력과 생명력이 강인하다는 의미다. 어떠한 아픔이나 어둠도 녹이며 온몸을 던진다. 모든 생명체에 있어서 아픔은 하나의 통과 의례요, 정신적 양식이다. '어둠'은 여러 가지 고난과 역경을 상징한다.

둘째 수 하늬바람 푸른 날에 결 고운 파란 잎은 하늘하늘 춤을 춘다. 여기서 계절은 가을로 전환된다. 열매, 즉 장과가 익어가고, 꽃단풍이 눈부시다. 돌담이나 암벽이나 건물 벽이 온통 한 폭의 아름다운 그림으로 다가온다. 그러다가 담쟁이의 별꽃 단풍은 가을바람에 쓸쓸히 지고 만다.

셋째 수는 꽃잎이 다 떨어진 담쟁이덩굴은 볼그레한 가는 핏줄기와 목덜미만 남는다. 역시 온몸이 시릴 것이다. 그러나 가는 핏줄기와 목덜미가 아무리 시리고 아프다 해도, 어떠한 고난과 눈보라 치는 최악의 상황에 이른다 해도 불의의 현실을 뒤돌아보거나 순종할 수 없는 것이 담쟁이덩굴의 속성이다. 순명, 즉 옳음과 명예를 위하여 목숨을 내놓을망정 부정의 현실에 영합할 수는 없다는 강한 절의를, 담쟁이덩굴에 빗대어 시적 세계로 전환시킨 시인의 시적 발상과 상징적 표현 기교가 매우 돋보인다.

네 이름 불러본들 대답이나 하겠느냐
타는 세월 물결 따라 눈귀 잃은 아픔 속에//
덧없는 / 세속 이야기 / 잊은 지 오래이고.

햇살 받아 마음 씻고 별빛 감아 가슴 씻고
속살 터는 맑은 소리, 먼 섬이 귀를 열어//
무심을 / 흐르는 몸짓 / 오도송悟道頌을 읊고 있네.

—「몽돌」 전문

「몽돌」은 덧없는 세월을 극복하고 오도송을 읊는 삶을 노래한 작품이다. '몽돌'은 몽근 돌이다. 세월 따라 비바람 따라 물결 따라 조금씩 마모되고 닦인 돌이 몽돌이다. 몽돌은 언뜻 보기엔 비슷하지만 자세히 보면 그 크기나 형태나 문양 및 색채가 다 다르다. 그래서 자연의 무한한 아름다움과 신비스러움과 오묘한 조화를 이룬다. 몽돌은 물과 직결된다. 물은 모든 생명체를 정화하고 또 그 형태를 변화시킨다. 우리나라에도 몽돌해변이 많이 있다. 바닷가에는 밀물과 썰물이 무한히 계속된다. 밀려오는 물결은 몽돌에 부서지며 한없이 돌의 형태를 다듬으며 정화 작용을 한다. 밀려나가는 물결은 그 뒤를 마무리하며 몽돌 사이를 청명한 소리를 내며 매끄럽게 빠져나간다. 달밤에 듣는 몽돌의 물결 소리는 실로 환상적인 악기 소리를 듣는 느낌이다.

첫째 수는 무념무상으로 아픔의 세월을 사는 몽돌의 삶을 실감나게 묘사하고 있다. 아무리 이름을 불러보아도 대답이 없다. 김춘수 시인은 「꽃」이라는 시에서 "누가 내 이름을 불러주면 / 그의 꽃이 되고 싶다"고 노래했다. 하나의 이름을 의미 있는 존재론적 입장에서 본 것이다. 모든 생명의 탄생과 활동은 하나의 이름에서 시작된다. 이름을 통해서 우리는 모든 존재를 바라보고 또 인식을 한다. 이름은 자아가 최종적이며 불후의 존재라는 환상을 창조한다. 왜 몽돌은 불러도 대답이 없는가? 세월 따라 물결 따라 눈과 귀를 잃었기 때문이다. 마모된 상태니 눈과 귀가 온전할 리 없다. 얼마나 그 긴 세월이 아팠겠는가. 모서리도 날개도 모두 잃은 몽돌의 긴 아픔은 하나의 외적 정화 과정이다. 무한한 고독과 부동의 아픔 속에서 몽돌은 바다의 뇌성벽력 같은 공포를 느꼈을 것이고, 눈과 귀를 막고 줄 없는 거문고 소리도 들었을 것이다. 이것이 바로 몽돌의 원초적 아름다움이다. 그러니 덧없는 세간 이야기야 잊은 지 오래고, 또 그 이야기는 벌써 의미를 상실한 상태다. 탈속의 경지에 이른 상태다.

둘째 수에선 속진을 털어내고 오도송을 읊는 삶의 모습을 비유적으로 노래하고 있다. 맑은 햇살로 마음을 털고 맑은 별빛으로 가슴을 씻고, 바람과 파도의 청정한 소리와 몸짓으로 속살마저 털어낸다. 말하자면 마음과 영혼의 허물과 잡다한 허상을 녹이는 내적 정화 과정이다. 이쯤 되고 보니, 먼 섬이 귀를 열 수밖에 없다. 섬은 고독과 탈속과 청정을 상징한다. 먼 섬의 귀까지 끌어당긴 몽돌은 무심의 몸짓, 즉 탈속의 선(禪)의 세계에 이른다. 선은 마음을 가다듬고 정신을 통하여 무아정적(無我靜寂)의 경지에 몰입하는 일이다. 몽돌은 선을 하면서 깨달음이 있기에 오도송을 읊는 것이다. 오도송은 고승이나 노승들이 불도 진리를 깨닫고 나서 기뻐하며 짓는 시가다. 삶의 아픔 속에서도 세속을 녹여가며 오도송을 읊는 인생의 진실하고 아름답고 의지적이며 격조 높은 모습을 고도의 시적 표현 기교로 노래한 수작이다.

7. 맺는말

이미숙 시인의 작품을 나름대로 살펴보았다. 분류된 작품 내용을 정리해 본다. 첫째 「무화과 향기」 외 작품에서는 고향에 대한 짙은 향수와 떠난 님에의 애틋한 그리움이, 둘째 「별꽃향기를 걸어놓고」 외 작품에서는 어머니에 대한 깊은 정과 갈색 그리움을 노래했다. 셋째 「굴렁쇠」 등에선 멋스러운 삶, 즉 진실한 자아의 모습을 찾아가는 길을, 넷째 「꽃비」 외 작품에서는 삶의 아픔과 고뇌를, 다섯째 「담쟁이덩굴」 등에선 부정 불의 및 덧없는 세월을 극복하고 인생의 필연을 꿰매가는 강한 의지적 삶을 노래했다. 모두가 한결같이 깊이 있고 격조가 있는 의지적 삶의 모습을 시적 진실의 세계로 톺아 올린 시인의 시적 역량이 돋보인 작품들이다.

이 시인은 정형시로서의 시조 형식을 정확하게 지키고 있다. 아울러 형식상 운율과 작품 내용이 음악처럼 잘 조화를 이루었다. 또한 시제(詩題)를 보면 인식의 대상이나 목적물, 즉 모든 소재와 동떨어지지 않고 잘 어울린다. 시적 소재를 정확히 인식하고 예리하게 분석함으로써 시인의 시적 의식 세계를 무리 없이 녹이는 데 성공하고 있다. 다시 말하면 이 시인은 모든 사물에 대한 관찰력과 분석력이 뛰어나다. 아울러 사물이나 상황을 시적으로 표현할 때, 플로베르(프랑스 소설가)의 '一物一語說'에 근거해 보면, 이 시인은 꼭 필요하고 적절한 언어를, 그리고 군더더기 없는 깔끔하고 정확한 시어를 선택하고 있다. 또 언어 감각과 시어 조직이 매우 뛰어나다. 아울러 작품 전체를 효율적으로 표현할 수 있는 언어적 구조가 무리 없이 탄탄하게 잘 짜여 있다. 그리고 표현기교도 무리한 채색이나 과장 없이 적절성을 유

지하고 있으며, 상징과 비유로 개성적 서정적 정서를 형상화하는데 부족함이 없어, 작품의 내적 통일성과 완성도를 높이고 있다.

끝으로 이미숙 시인의 사상적 배경과 삶에 대한 가치관과 인생관은 무엇인가. 작품 속에 나타난 소재로서의 모든 사물을 반드시 인생과 연결시키고 있다. 삶의 아픔과 고뇌를 극복하고 새로운 의미론적 존재로서의 가치지향적 삶을 추구하고 있는 것이 이 시인의 가치관이자 인생관이다. 이 시인은 한 송이 꽃이나 나뭇잎, 길가의 돌 하나까지 모든 자연 사물을 매우 소중하게 생각하고, 또 모든 사물 하나에도 그 가치를 인정하고 있다. 이처럼 순수하고 아름다운 자연 현상과 진실한 인간의 삶이 하나의 조화를 이루는 세계를 아름다운 예술적 경지까지 끌어올리는 데 성공하고 있다. 그리고 작품 하나하나에 온몸을 던지는 적극적 창작 자세와 치열한 시적 정신이 매우 돋보인다. 앞으로 더욱 깊이 있는, 훌륭한 작품을 기대해 본다.

이미숙

호: 태금 (泰昑)
시조문학 등단
제2회 대은시조문학 본상 및 시조문학 작품상 수상
시조문학문우회, (사)한국시조협회, 여강시가회 회원
(사)대한시조협회광진구지회장 역임, 광진문화원 시조창 지도 사범
주소: 04968 서울 광진구 광장동 천호대로 143길 8 도원빌딩 302호
E-mail: cjdaoghk@hanmail.net

이미숙 시조집
별꽃향기를 걸어두고

1판1쇄 발행 2017년 11월 20일

지 은 이 이미숙
꾸 민 이 홍윤환
펴 낸 이 김진수
펴 낸 곳 **한국문화사**
등 록 1991년 11월 9일 제2-1276호
주 소 서울특별시 성동구 광나루로 130 서울숲 IT캐슬 1310호
전 화 02-464-7708
팩 스 02-499-0846
이 메 일 hkm7708@hanmail.net
홈페이지 www.hankookmunhwasa.co.kr

책값은 뒤표지에 있습니다.

ISBN 978-89-6817-553-4 03810